COLLECTION
ASTRO-JEUNES

LA TERRE
LA LUNE ET LE SOLEIL

Pierre Chastenay

astronome

Salle 25.

ÉDITIONS
Michel
QUINTIN

PLANÉTARIUM
DE MONTRÉAL

Catalogage avant publication de la Bibliothèque nationale du Canada

Chastenay, Pierre, 1962-

La terre, la lune et le soleil

(Collection Astro-jeunes)

ISBN 2-89435-271-9

1. Terre - Ouvrages pour la jeunesse. 2. Soleil - Ouvrages pour la jeunesse. 3. Lune - Ouvrages pour la jeunesse. I. Titre. II. Collection.

QB631.4.C42 2004   j525   C2004-941068-7

Éditrice : Johanne Ménard

Révision linguistique : Monique Proulx

Recherche iconographique : Pierre Chastenay et Sophie DesRosiers

Illustrations : Sophie DesRosiers, Gabrielle Grimard et Domino Design Communications

Maquette de collection : Standish Communications

Conception graphique : Domino Design Communications et Sophie DesRosiers

Infographie : Domino Design Communications

La publication de cet ouvrage a été réalisée grâce au soutien financier du Conseil des Arts du Canada et de la SODEC. De plus, les Éditions Michel Quintin bénéficient de l'aide financière du gouvernement du Canada par l'entremise du Programme d'aide au développement de l'industrie de l'édition (PADIÉ) pour leurs activités d'édition.

Gouvernement du Québec – Programme de crédit d'impôt pour l'édition de livres – Gestion SODEC

Gouvernement du Québec – Programme Étalez votre science

ISBN 2-89435-271-9
Dépôt légal – Bibliothèque nationale du Québec, 2004
           Bibliothèque nationale du Canada, 2004

© Éditions Michel Quintin 2004

C.P. 340
Waterloo (Québec)
Canada J0E 2N0
Tél. : (450) 539-3774
Téléc. : (450) 539-4905
www.editionsmichelquintin.ca

10 9 8 7 6 5 4 3 2

Imprimé en Chine

Crédits photographiques

Couverture ... Denis Labine, NASA

p. 3 .... Denis Labine, Lick Observatory

p. 4-5 .... NASA

p. 10-11 .... John Downe

p. 12-13 .... Akira Fujii

p. 26-27 .... *A Touch of Ireland* de Jay Ouellet

p. 28-29 .... Lick Observatory, NASA

p. 30-31 .... Lunar and Planetary Institute, NASA

p. 32-33 .... Pat Rawlings, NASA

p. 36-37 .... Göran B. Scharmer

p. 42-43 .... NASA

p. 44-45 .... Jean-François Guay

p. 46-47 .... Jean-François Guay, Planétarium de Montréal

p. 48 .... NASA

UN TRIO FASCINANT

Lorsque j'étais plus jeune, je posais beaucoup de questions. Pourquoi le ciel est-il bleu ? Comment se forme un arc-en-ciel ? Pourquoi le Soleil se déplace-t-il dans le ciel, entre le matin et le soir ? Qu'est-ce qui cause les saisons ? Pourquoi l'apparence de la Lune change-t-elle de jour en jour ?

Lorsque j'avais épuisé ma réserve de questions, je rêvais d'aurores boréales, d'éclipses de Lune ou de Soleil, et j'imaginais le jour où j'irais vivre sur la Lune ! Si, comme moi, ces sujets te passionnent et t'intriguent, voici un livre pour toi. En suivant la ronde incessante de la Terre, de la Lune et du Soleil, tu découvriras l'origine de tous ces phénomènes et de bien d'autres encore.

Alors ouvre grand les yeux… Et bonne exploration !

ÉTOILE, PLANÈTE ET SATELLITE

L a Terre, la Lune et le Soleil forment un trio céleste fascinant, mais ce sont trois astres très différents les uns des autres : le Soleil est une étoile, la Terre est une planète et la Lune est un satellite. Qu'est-ce qui les différencie ? Pour le savoir, lis vite ce qui suit…

LA PLANÈTE TERRE

Une **planète** est un astre qui n'émet pas de lumière et qui tourne autour d'une étoile. Au total, neuf planètes tournent autour du Soleil. Après Mercure et Vénus, la Terre est la troisième planète la plus rapprochée du Soleil. C'est aussi la plus grosse des planètes qui possèdent une surface solide. Bien sûr, il y a des planètes géantes qui sont beaucoup plus grosses que la Terre, comme Jupiter, Saturne, Uranus et Neptune, mais elles ne possèdent pas de surface solide comme notre planète.

NOTRE ÉTOILE, LE SOLEIL

Le Soleil est une **étoile**, c'est-à-dire un astre qui produit sa propre lumière, un peu comme une ampoule électrique. La lumière du Soleil est réfléchie vers nous par la Lune et les planètes, ce qui nous permet de les voir. Si nous pouvions éteindre le Soleil quelques instants, sa lumière cesserait d'éclairer les objets du système solaire, et nous ne les verrions plus !

UNE DIFFÉRENCE DE TAILLE !

Le Soleil est un géant dans le système solaire. Son diamètre équivaut à 109 fois le diamètre de la Terre et il faudrait 1 300 000 planètes de la taille de la Terre pour remplir son volume. Sa masse est presque 333 000 fois plus grande que celle de notre planète ! Le diamètre de la Lune est environ quatre fois plus petit que celui de la Terre. À l'intérieur de notre planète, on pourrait empiler 49 satellites de la taille de la Lune. Celle-ci est également 81 fois plus légère que la Terre.

LA LUNE, NOTRE SATELLITE

Un **satellite** est un astre qui tourne autour d'un autre astre beaucoup plus gros, comme une planète. La Lune est le seul satellite naturel de la Terre et, tout comme les planètes, elle ne produit pas sa propre lumière. La Lune ne fait que renvoyer vers nous la lumière qui lui vient du Soleil. Elle réfléchit la lumière du Soleil comme un réflecteur de vélo réfléchit la lumière émise par les phares des voitures.

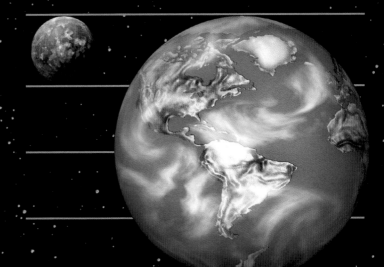

LA TERRE, PLANÈTE ACTIVE

Chaque jour, la télévision et les journaux nous rappellent que la Terre est une planète agitée : tremblements de terre, éruptions volcaniques, glissements de terrain, raz-de-marée… Ces phénomènes ont des effets dévastateurs, mais ils aident les scientifiques à comprendre ce qui se passe à l'intérieur de notre planète.

LA TERRE EST UN ŒUF !

L'intérieur de la Terre est fait de trois couches. À la surface, il y a la **croûte terrestre**, c'est-à-dire la partie solide sur laquelle nous marchons. Sous cette croûte, on trouve le **manteau**, constitué de roches en fusion qu'on appelle le magma. Cette matière brûlante remonte parfois à la surface sous forme de lave crachée par les volcans. Enfin, le centre de la Terre est occupé par un **noyau** de fer et de nickel. Si la Terre avait la taille d'un œuf, la croûte serait aussi mince que la coquille, le manteau aurait la même épaisseur que le blanc, et le noyau serait gros comme le jaune de l'œuf !

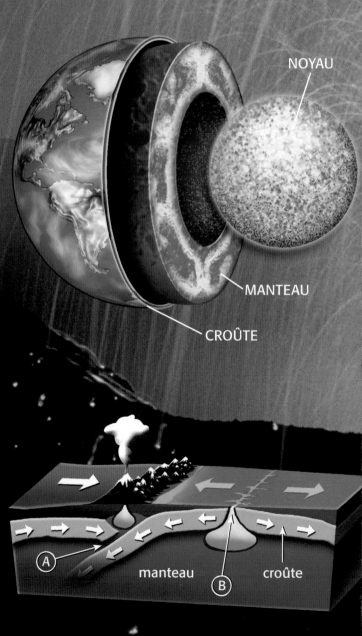

NOYAU

MANTEAU

CROÛTE

TREMBLEMENTS DE TERRE ET VOLCANS

La croûte terrestre est divisée en plusieurs grands morceaux ; on les appelle les **plaques tectoniques** et elles flottent littéralement sur le manteau en dérivant les unes par rapport aux autres. Lorsque deux plaques entrent en collision (A), la croûte se plisse et forme des volcans et de hautes montagnes. Par exemple, l'Inde s'enfonce présentement dans l'Asie, ce qui soulève les montagnes de l'Himalaya. Lorsqu'au contraire deux plaques s'écartent (B), le magma contenu dans le manteau remonte à la surface et se solidifie. Ces mouvements incessants de la croûte terrestre provoquent de nombreux tremblements de terre et de violents raz-de-marée.

manteau

croûte

LA DÉRIVE DES CONTINENTS

As-tu remarqué que, de part et d'autre de l'océan Atlantique, les continents pourraient s'imbriquer comme les pièces d'un casse-tête ? C'est parce qu'il y a 250 millions d'années, ces continents étaient soudés les uns aux autres et formaient un seul et unique continent géant qu'on appelle aujourd'hui la Pangée.

À cette époque, l'océan Atlantique n'existait pas, et le Pacifique était beaucoup plus vaste qu'aujourd'hui ! Depuis, l'Amérique du Nord et l'Europe sont entraînés par la dérive des plaques tectoniques et s'écartent à raison de trois centimètres par année.

Il y a 250 millions d'années   Il y a 125 millions d'années   Aujourd'hui

10,2 km

croûte

manteau

POINT CHAUD

DES « POINTS CHAUDS »

Le manteau terrestre comporte certains «points chauds» où la chaleur s'accumule tellement que la croûte terrestre finit par se percer au beau milieu d'une plaque tectonique. Ce type d'éruption crée des volcans qui ont la forme de boucliers et qui sont parmi les plus gros de notre planète. Par exemple, le volcan Mauna Kea, sur l'île Hawaii, s'élève à 10,2 km d'altitude au-dessus du fond de l'océan Pacifique !

L'ATMOSPHÈRE DE LA TERRE

L a Terre est une véritable oasis dans l'espace. La Lune, notre plus proche voisine, est au contraire un astre sans vie. Pourtant, la Terre et la Lune sont situées à la même distance du Soleil. Elles reçoivent donc toutes deux la même quantité de lumière et de chaleur de notre étoile. Pour quelle raison la Terre et la Lune sont-elles si différentes ? La clé de l'énigme : la Terre possède une atmosphère, tandis que la Lune n'en a pas…

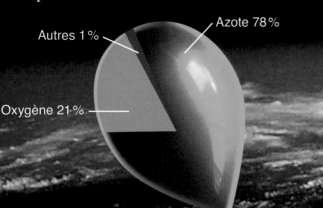

Autres 1%

Azote 78%

Oxygène 21%

MINCE COMME UNE PELURE

Si la Terre était de la taille d'une pomme, son atmosphère ne serait pas plus épaisse que la pelure ! Cette mince couche de gaz constitue notre seule protection contre le vide de l'espace…

QU'Y A-T-IL DANS L'AIR ?

L'air que nous respirons est un mélange de nombreux gaz. On y retrouve surtout de l'azote (N_2) et de l'oxygène (O_2), avec des traces d'autres gaz comme l'argon (Ar), la vapeur d'eau (H_2O), le dioxyde de carbone (CO_2) et le néon (Ne).

ATMOSPHÈRE = EAU

Dans le vide de l'espace, l'eau ne peut exister à l'état liquide. Si un astronaute débouchait une bouteille d'eau à la surface de la Lune, tout le contenu de la bouteille s'évaporerait en quelques secondes ! Sur Terre, la pression qu'exerce l'atmosphère sur les plans d'eau agit à la manière du bouchon sur la bouteille, empêchant l'eau d'entrer en contact avec le vide de l'espace. Sans atmosphère, la Terre serait donc un astre aride et sans vie…

VUE EN COUPE DE L'ATMOSPHÈRE

Nous vivons au fond d'un véritable océan d'air qui mesure environ 150 km d'épaisseur : c'est l'atmosphère. Au fur et à mesure que l'on s'élève dans l'atmosphère, l'air se raréfie. Au sommet du mont Everest, à 8 850 mètres d'altitude, il ne reste plus qu'un tiers de l'air que nous respirons au niveau de la mer ! Et qu'y a-t-il, au-delà de l'atmosphère ? Le vide et le froid de l'espace…

Station spatiale internationale

150 km

ESPACE

Aurore boréale

IONOSPHÈRE

75 km

Étoiles filantes

MÉSOSPHÈRE

50 km

STRATOSPHÈRE

Ballon sonde

10 km

TROPOSPHÈRE

Mont Everest

0

CRÈME SOLAIRE ATMOSPHÉRIQUE

L'atmosphère de la Terre nous protège des dangereux rayons ultraviolets émis par le Soleil et qui provoquent les douloureux « coups de soleil ». À 50 km d'altitude, une couche d'ozone bloque une bonne partie de ces rayons, jouant le rôle de filtre. Malheureusement, à cause de la pollution atmosphérique, cette couche d'ozone s'est dangereusement amincie au cours des dernières décennies. Les animaux, les plantes et les humains sont donc exposés à des doses de plus en plus élevées de rayons ultraviolets. C'est pourquoi nous devons protéger notre peau contre ces rayons nocifs.

L'EFFET DE SERRE

À la surface de la Terre, la température moyenne est d'environ 20 °C, en particulier grâce aux **gaz à effet de serre** (CO_2, vapeur d'eau, etc.) qui entrent dans la composition de l'atmosphère. Ces gaz à effet de serre agissent comme une couverture isolante pour la Terre. Ils laissent pénétrer la lumière du Soleil jusqu'au sol, qui se réchauffe et émet des ondes de chaleur sous forme de radiations infrarouges. Les gaz à effet de serre empêchent une partie de cette chaleur de s'échapper dans l'espace et maintiennent la température moyenne de la Terre à un niveau confortable.

DANGER : GAZ À EFFET DE SERRE !

Sans les gaz à effet de serre, la température moyenne à la surface de la Terre serait de –20 °C, trop froide pour que la vie se développe. Par contre, s'il y a trop de gaz à effet de serre, cela peut provoquer de véritables catastrophes, comme les glaciers qui fondent, le niveau des mers qui monte, de violentes tempêtes qui s'élèvent, etc. En brûlant des combustibles fossiles, comme le charbon, le pétrole ou le gaz naturel, nous émettons dans l'atmosphère des quantités colossales de gaz à effet de serre dont les effets néfastes se font aujourd'hui sentir partout sur la planète. Nous devons dès maintenant réduire nos émissions de gaz à effet de serre si nous voulons ramener leur proportion dans l'atmosphère à un niveau acceptable !

UN BOUCLIER SPATIAL

L'espace entre les planètes fourmille de pierres de toutes tailles que l'on nomme météoroïdes. Parfois, certaines de ces pierres entrent en collision avec la Terre. L'atmosphère empêche heureusement la majorité de ces «pierres tombées du ciel» d'atteindre le sol. En pénétrant à grande vitesse dans l'atmosphère, ces météoroïdes s'échauffent par friction (comme lorsque tu frottes tes mains l'une contre l'autre pour les réchauffer) et se désintègrent en brûlant, devenant des étoiles filantes. Seuls les plus gros projectiles parviennent intacts jusqu'au sol, où on les retrouve sous la forme de météorites. Les plus gros impacts peuvent parfois creuser des cratères semblables à ceux qui parsèment la surface de la Lune.

Mesure l'effet de serre

Pour réaliser cette activité, il te faut deux thermomètres identiques, deux morceaux de carton noir et un pot ou un bocal en verre transparent muni d'un couvercle.

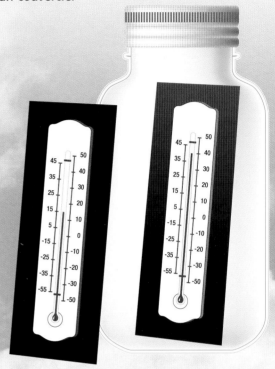

1. Colle chacun des thermomètres sur un morceau de carton noir.
2. Dépose l'un des deux thermomètres à l'intérieur du bocal et remets le couvercle en place.
3. Lors d'une journée ensoleillée, dépose en plein soleil, côte à côte, le pot et l'autre thermomètre. Assure-toi que les deux thermomètres sont face au Soleil.
4. Au bout d'une trentaine de minutes, lis la température sur les deux thermomètres. Indiquent-ils la même valeur?

Explication:

Au cours de cette expérience, les parois en verre du bocal ont joué un rôle semblable aux gaz à effet de serre dans l'atmosphère terrestre: ils ont laissé pénétrer les rayons du Soleil jusqu'au carton noir, qui s'est réchauffé et a émis des rayons infrarouges. Mais les parois de verre ont empêché la chaleur de s'échapper, ce qui a fait monter la température à l'intérieur du bocal! La même chose se produit dans une voiture exposée au soleil en été.

LES COULEURS DU CIEL

Du matin au soir, le ciel se transforme en un véritable kaléidoscope de couleurs, passant par toutes les teintes, du bleu au rouge. Arc-en-ciel, bleu du ciel, rougissement du Soleil, ces différents phénomènes ont pour origine la lumière blanche du Soleil – qui est en réalité un mélange de toutes les couleurs de l'arc-en-ciel – et la façon dont cette lumière se comporte lorsqu'elle entre en contact avec les gaz de l'atmosphère terrestre…

POURQUOI LE CIEL EST-IL BLEU ?

Les gaz qui composent l'atmosphère sont comme de minuscules billes qui flottent autour de nous. On appelle ces billes des molécules et elles sont des milliers de fois plus petites qu'un grain de sable ! Leur taille minuscule nous empêche de les voir, mais leurs effets sur la lumière du Soleil, eux, sont bien visibles !

Par exemple, lorsque la lumière du Soleil traverse l'atmosphère terrestre, ses rayons interagissent avec les molécules présentes dans l'air. Certaines couleurs qui composent la lumière blanche du Soleil sont plus affectées que d'autres. C'est le cas de la lumière bleue, qui « rebondit » sur les molécules de gaz, ce qui a pour effet de la disperser dans toutes les directions. Après d'innombrables rebonds, des rayons de lumière bleue reviennent vers ton œil en provenance de toutes les régions du ciel. C'est pourquoi le ciel t'apparaît bleu, peu importe la direction où tu regardes.

LES COULEURS DE L'ARC-EN-CIEL

Après la pluie vient le beau temps… avec un arc-en-ciel en prime ! Un arc-en-ciel apparaît lorsque la lumière du Soleil est réfléchie par de fines gouttelettes d'eau. Les gouttelettes décomposent la lumière blanche du Soleil en ses différentes composantes colorées. Pour apercevoir un arc-en-ciel, tu dois tourner le dos au Soleil et celui-ci ne doit pas être trop haut dans le ciel. Les meilleurs moments pour admirer un arc-en-ciel sont immédiatement après une pluie matinale ou une ondée de fin d'après-midi.

EXPÉRIENCE

Fabrique ton propre arc-en-ciel

Pour faire apparaître un arc-en-ciel, rien de plus facile. Il te faut simplement un tuyau d'arrosage muni d'un pistolet à jet réglable. En matinée ou en fin d'après-midi, tourne le dos au Soleil, projette un fin nuage de gouttelettes d'eau devant toi et regarde bien ! Arrives-tu à voir un bout d'arc-en-ciel dans ce nuage de vapeur d'eau ? L'arc-en-ciel sera plus facile à distinguer si tu l'observes sur un fond sombre.

OÙ SONT LES ÉTOILES ?

Savais-tu que les étoiles continuent de briller dans le ciel, même le jour ? Si on ne les voit pas, c'est parce que le ciel bleu est plus brillant que les étoiles. C'est comme si un voile nous les cachait… S'il n'y avait pas d'atmosphère, le ciel de la Terre serait noir et les étoiles brilleraient de mille feux dans le firmament même en plein jour !

LE JOUR
ET LA NUIT

Quoi de plus évident que le Soleil qui se lève vers l'est le matin et se couche vers l'ouest le soir ? Mais est-ce vraiment le Soleil qui bouge ? Les humains ont longtemps cru que c'était le Soleil qui tournait autour de la Terre. Aujourd'hui, nous savons qu'en réalité ce mouvement apparent du Soleil vient du fait que la Terre tourne sur elle-même, de l'ouest vers l'est. Étourdissant, n'est-ce pas ? L'activité ci-contre t'aidera à y voir plus clair.

LE ROUGISSEMENT
DE LA LUNE ET DU SOLEIL

Parfois, le Soleil ou la Lune rougissent lorsqu'ils sont près de l'horizon, au lever ou au coucher. Pourquoi ? Parce que leur lumière traverse à ce moment les couches les plus épaisses de l'atmosphère terrestre. Les molécules de gaz présentes dans l'atmosphère dispersent alors toutes les couleurs qui composent la lumière blanche du Soleil, sauf la couleur rouge. Celle-ci atteint donc nos yeux sans être déviée. La présence de poussières en suspension dans l'air peut également augmenter le rougissement.

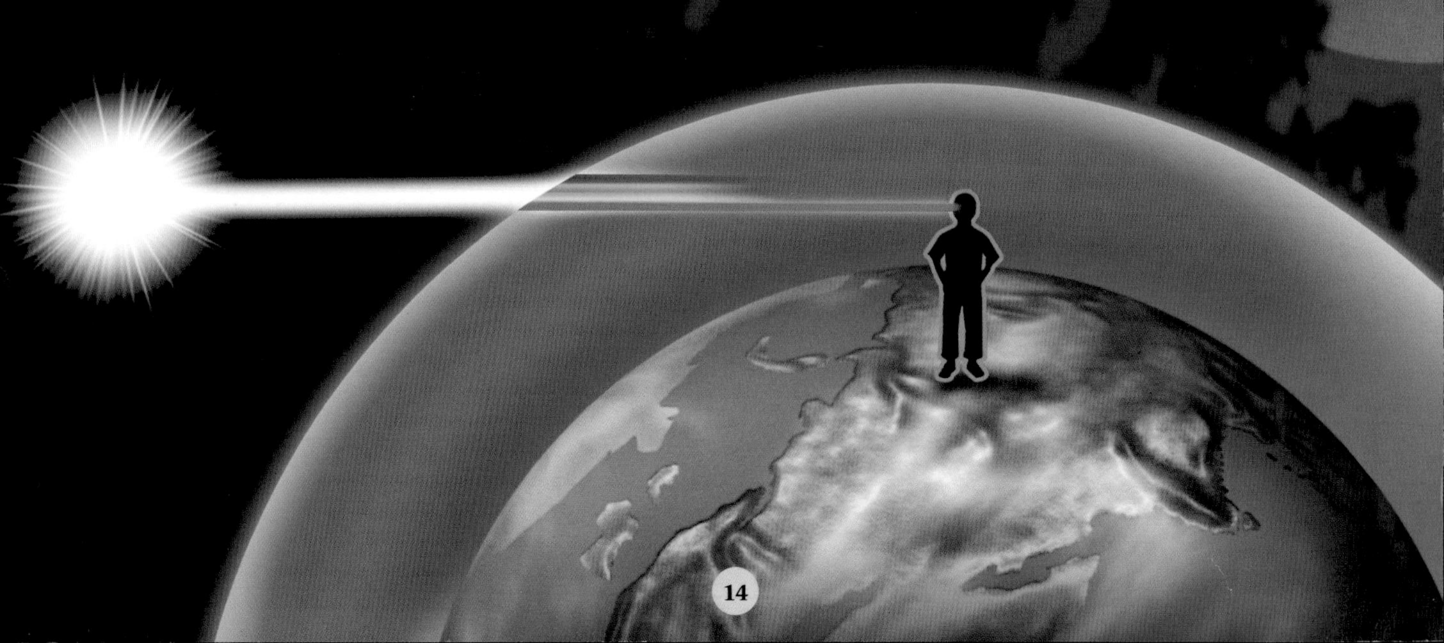

Bonjour ! Bonsoir !

Pour réaliser cette activité, tu dois te servir de ta tête… et d'une lampe de table ou d'une lampe sur pied posée au milieu d'une pièce sombre. Sur deux petits morceaux de carton, inscris «EST» et «OUEST».

1 Allume la lampe et masque les autres sources de lumière. Imagine que la lampe représente le Soleil et que ta tête représente la Terre. Dans ta main gauche, tiens le carton «EST», le carton «OUEST» dans la droite et ouvre les bras pour que les deux cartons soient visibles de part et d'autre de ta tête. Lorsque tu fais face à la lampe, il est midi. C'est le jour.

2 À partir de la position «midi», tourne lentement sur toi-même vers la gauche jusqu'à ce que la lampe soit vis-à-vis le carton «OUEST» sur ta droite : c'est la fin de la journée et le Soleil «se couche» à l'ouest.

3 Fais un quart de tour sur toi-même vers la gauche : dos à la lampe-Soleil, il est maintenant minuit. C'est la nuit.

4 Fais un quart de tour de plus jusqu'à ce que la lampe redevienne tout juste visible sur ta gauche, vis-à-vis le carton «EST» : le Soleil «se lève» à l'est. C'est le début d'une nouvelle journée !

Explication :

L'alternance du jour et de la nuit s'explique aisément par la rotation de la Terre sur elle-même. Mais si la Terre tourne, pourquoi ne ressentons-nous pas son mouvement ? Nous sommes pourtant capables de dire si la voiture où nous prenons place est en marche ou non en regardant défiler le paysage par la vitre. Mais dans le cas de la Terre, tout ce qui nous entoure – les arbres, les maisons, les gens – tourne à la même vitesse que nous. C'est comme pour un passager à bord d'un avion qui traverse un ciel sans nuage. Tous les objets à l'intérieur de l'avion avancent à la même vitesse que lui. Le passager ne peut pas dire si l'avion se déplace ou non, même si, en réalité, il vole à plusieurs centaines de kilomètres à l'heure !

À L'HEURE
DU SOLEIL

Comment faisaient nos ancêtres pour lire l'heure avant l'invention des montres et des horloges ? Ils utilisaient des cadrans solaires. Même si nous savons maintenant que le Soleil ne tourne pas autour de la Terre, son mouvement apparent quotidien d'est en ouest est très pratique pour lire l'heure. Les premiers cadrans solaires ont été inventés par les Égyptiens, il y a 3 500 ans. Depuis le XVIe siècle, les cadrans solaires ont été remplacés par les montres et les horloges. Mais quoi de plus romantique que de lire l'heure avec le Soleil ?

EXPÉRIENCE

Fabrique ton propre cadran solaire

Pour réaliser cette activité, il te faut une feuille de carton, des ciseaux, de la colle en bâton, une règle, une ficelle de 10 cm de long, du ruban adhésif et une aiguille ou un petit clou. Pour ne pas abîmer ton livre, utilise une photocopie du cadran solaire.

1 Colle la photocopie du cadran solaire sur ta feuille de carton et découpe-la le long des pointillés.

2 À l'aide de l'aiguille ou du clou, perce deux trous aux endroits indiqués par un « X ».

3 Plie le cadran le long des tirets en déposant une règle sur la ligne.

4 Enfile la ficelle dans les trous et tends-la jusqu'à ce que ton cadran forme un angle droit. Colle la ficelle au dos du cadran avec du ruban adhésif et coupe les bouts qui dépassent.

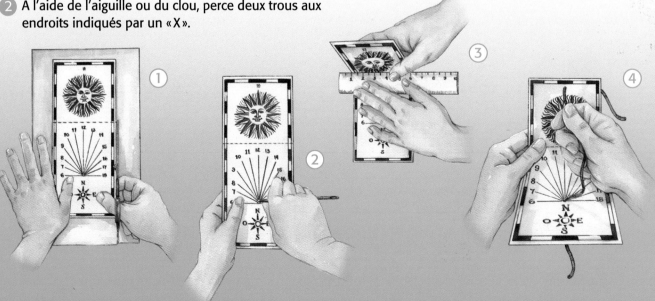

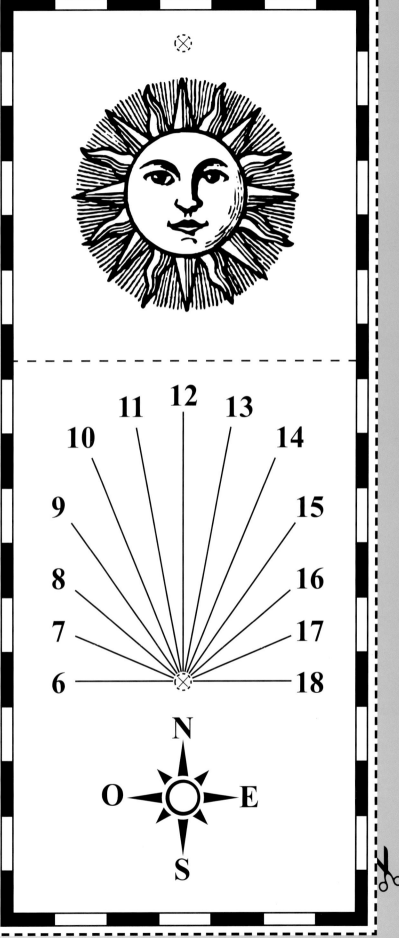

Utilisation :

Ce cadran est conçu pour les latitudes comprises entre 40 et 50 degrés Nord. Pour l'utiliser, dépose-le au sol face au sud comme sur l'illustration. Au besoin, utilise une boussole pour t'orienter. L'ombre de la ficelle projetée sur la face intérieure du cadran te permettra de lire l'heure. Attention : ton cadran indique l'heure solaire. Dans certains cas, ta montre peut indiquer une heure différente, par exemple si l'heure d'été ou l'heure avancée est en vigueur.

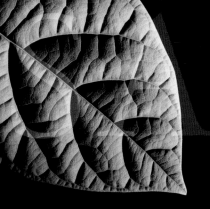

LA RONDE DES SAISONS

L es régions tempérées de notre planète connaissent de grands écarts de température entre l'été et l'hiver. De plus, en été, le Soleil se lève tôt et se couche tard, et le jour est plus long que la nuit. En hiver, au contraire, le Soleil se lève tard, se couche tôt (parfois même avant que tu ne rentres de l'école!) et la nuit dure plus longtemps que le jour. Qu'est-ce qui provoque ces différences saisonnières? Tu le découvriras en lisant ce qui suit...

L'ORIGINE DES SAISONS

Les saisons sont causées par le fait que l'axe de rotation de la Terre est penché par rapport à son orbite autour du Soleil, comme un globe terrestre sur son socle. Si l'axe de rotation de la Terre n'était pas incliné, il n'y aurait pas de saisons. Dans une région donnée, le climat serait le même toute l'année.

23°
N

S

N

21 juin

S

L'inclinaison de l'axe de rotation de la Terre fait en sorte que pendant quelques mois, l'hémisphère Nord de notre planète penche en direction du Soleil. Alors le Soleil monte haut dans le ciel, les jours sont longs et la chaleur du Soleil réchauffe le climat. L'été s'installe dans l'hémisphère Nord. Au même moment, l'hémisphère Sud penche dans la direction opposée. Le Soleil reste bas dans le ciel et les journées sont plus courtes. Le climat se refroidit et l'hiver s'installe au sud.

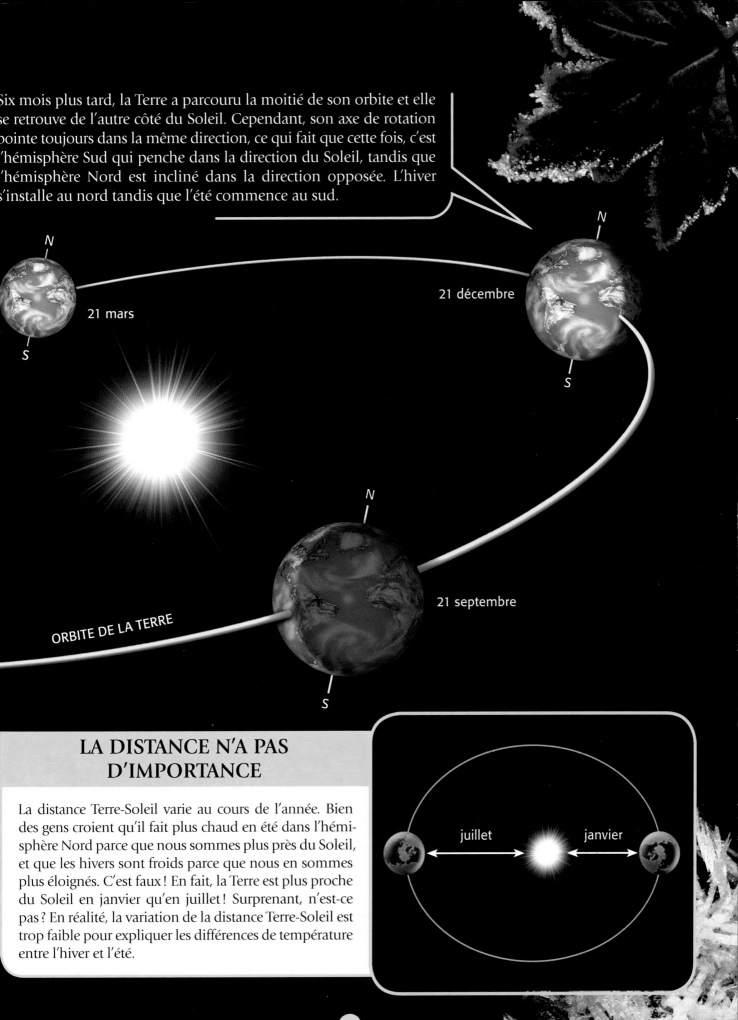

Six mois plus tard, la Terre a parcouru la moitié de son orbite et elle se retrouve de l'autre côté du Soleil. Cependant, son axe de rotation pointe toujours dans la même direction, ce qui fait que cette fois, c'est l'hémisphère Sud qui penche dans la direction du Soleil, tandis que l'hémisphère Nord est incliné dans la direction opposée. L'hiver s'installe au nord tandis que l'été commence au sud.

N

21 mars

S

21 décembre

N

S

N

21 septembre

S

ORBITE DE LA TERRE

LA DISTANCE N'A PAS D'IMPORTANCE

La distance Terre-Soleil varie au cours de l'année. Bien des gens croient qu'il fait plus chaud en été dans l'hémisphère Nord parce que nous sommes plus près du Soleil, et que les hivers sont froids parce que nous en sommes plus éloignés. C'est faux! En fait, la Terre est plus proche du Soleil en janvier qu'en juillet! Surprenant, n'est-ce pas? En réalité, la variation de la distance Terre-Soleil est trop faible pour expliquer les différences de température entre l'hiver et l'été.

juillet   janvier

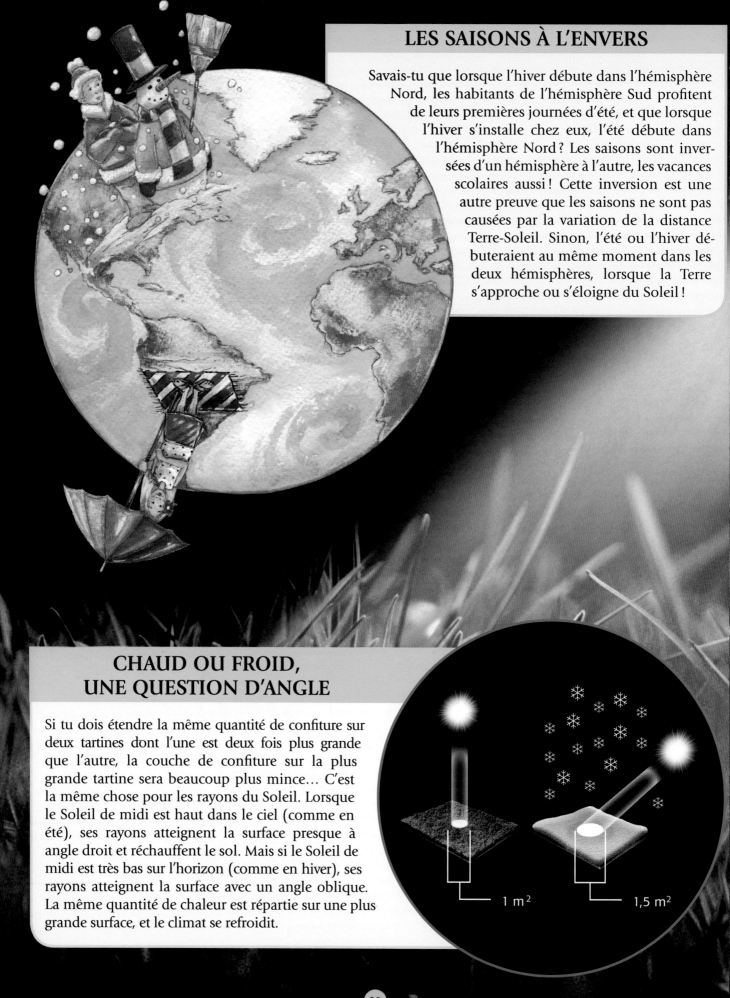

LES SAISONS À L'ENVERS

Savais-tu que lorsque l'hiver débute dans l'hémisphère Nord, les habitants de l'hémisphère Sud profitent de leurs premières journées d'été, et que lorsque l'hiver s'installe chez eux, l'été débute dans l'hémisphère Nord? Les saisons sont inversées d'un hémisphère à l'autre, les vacances scolaires aussi! Cette inversion est une autre preuve que les saisons ne sont pas causées par la variation de la distance Terre-Soleil. Sinon, l'été ou l'hiver débuteraient au même moment dans les deux hémisphères, lorsque la Terre s'approche ou s'éloigne du Soleil!

CHAUD OU FROID, UNE QUESTION D'ANGLE

Si tu dois étendre la même quantité de confiture sur deux tartines dont l'une est deux fois plus grande que l'autre, la couche de confiture sur la plus grande tartine sera beaucoup plus mince… C'est la même chose pour les rayons du Soleil. Lorsque le Soleil de midi est haut dans le ciel (comme en été), ses rayons atteignent la surface presque à angle droit et réchauffent le sol. Mais si le Soleil de midi est très bas sur l'horizon (comme en hiver), ses rayons atteignent la surface avec un angle oblique. La même quantité de chaleur est répartie sur une plus grande surface, et le climat se refroidit.

$1\ m^2$ $1,5\ m^2$

Mesure la hauteur du Soleil de midi

Pour réaliser cette activité, il te faut un morceau de carton rigide de 40 cm de côté, une règle de 30 cm, un marqueur feutre, un crayon à mine bien aiguisé d'environ 10 cm de longueur, un peu de pâte à modeler ou de gommette et une boussole.

1 Dépose la règle sur le morceau de carton et trace une ligne de 30 cm. Fais une marque le long de cette ligne à tous les centimètres et identifie-les de 0 à 30.

2 Place le crayon à mine debout sur son extrémité non aiguisée à la position 0 cm et fixe-le en place à l'aide de la pâte à modeler ou de la gommette. Assure-toi que le crayon est bien vertical.

3 Sors à l'extérieur un peu avant midi (heure solaire), dépose ton montage sur une surface horizontale et plane (une table, par exemple), pose la boussole sur la ligne graduée et tourne le montage jusqu'à ce que la ligne soit parallèle à l'aiguille de la boussole. Le crayon doit être à l'extrémité sud de la ligne.

4 Lorsque l'ombre du crayon touchera la ligne, note le plus précisément possible sa longueur en faisant une marque sur la ligne. N'oublie pas d'inscrire la date à côté de ta marque!

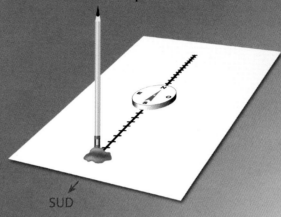

SUD

Répète cette observation une à deux fois par mois pendant quelques mois. Que constates-tu?

Truc:

Si l'endroit où tu habites passe de l'heure normale à l'heure d'été, et vice-versa, n'oublie pas de répéter tes mesures à midi heure normale (heure solaire), donc à 13 heures heure avancée!

Explication:

Lorsque l'ombre du crayon s'allonge, cela signifie que le Soleil de midi est plus bas dans le ciel. Au contraire, si l'ombre rétrécit, c'est que le Soleil de midi est de plus en plus haut. Si tu vis dans l'hémisphère Nord, tu remarqueras qu'entre janvier et juin, la longueur de l'ombre diminue, parce que le Soleil de midi monte de plus en plus haut dans le ciel. Au même moment, le climat se réchauffe. Au contraire, de juillet à décembre l'ombre s'allonge, ce qui signifie que la hauteur du Soleil à midi diminue. Il fait de plus en plus froid. La situation est inversée dans l'hémisphère Sud.

CLAIR DE LUNE

Depuis toujours, la Lune fascine les humains, à cause de ses éclipses et de l'aspect changeant de ses phases, sans compter les mystérieux pouvoirs qu'on lui a longtemps attribués. Après l'avoir scrutée au télescope et explorée à l'aide de sondes spatiales, des humains ont même marché à sa surface. Bienvenue sur la Lune, fidèle compagne de la Terre !

EXPÉRIENCE

L'illusion lunaire

As-tu parfois l'impression que la pleine Lune est plus grosse lorsqu'elle se trouve près de l'horizon ? Si oui, tu es victime d'une illusion d'optique. L'activité suivante te le prouvera. Pour la réaliser, il te faut un morceau de carton de 10 cm de côté percé au centre d'un trou qui mesure environ 5 mm de diamètre.

1 Guette la pleine Lune à son lever (au moment du coucher du Soleil). As-tu l'impression qu'elle est plus grosse que d'habitude ? Observe-la ensuite à travers le trou en tenant le morceau de carton au bout de tes bras. Le disque de la Lune devrait avoir environ le même diamètre que le trou.

2 Quelques heures plus tard, lorsque la Lune sera plus haut dans le ciel, observe-la à nouveau par le trou du carton. Tiens-le à la même distance de ton œil que lors de ta première observation. Le diamètre de la Lune est-il le même qu'auparavant ?

Explication

En observant la Lune à travers le trou, tu as empêché ton cerveau de comparer sa taille à celle d'autres objets situés à proximité sur l'horizon. Cela a annulé l'illusion d'optique. Ainsi, tu as constaté que le diamètre de la Lune est toujours le même, peu importe où celle-ci se trouve dans le ciel.

L'ORIGINE DE LA LUNE

La Terre n'a pas toujours eu la Lune pour compagne. On pense que notre satellite est apparu peu de temps après que la Terre se soit formée, il y a 4,6 milliards d'années. Si l'on en croit les astronomes, la naissance de la Lune ne s'est pas faite sans douleur…

1. Peu de temps après sa formation, la Terre est entrée en collision avec un astre errant qui avait la taille de la planète Mars.

2. Cette gigantesque collision a projeté dans l'espace autour de la Terre un immense nuage de matières en fusion tournant autour de notre planète comme un disque ou un anneau.

3. Peu à peu, la matière contenue dans cet anneau s'est regroupée pour former la Lune, notre satellite. La Lune est donc un morceau de Terre échappé dans l'espace !

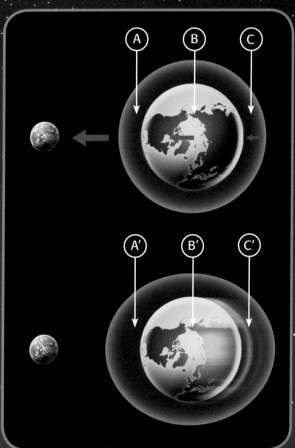

LA LUNE ET LES MARÉES

Au bord de la mer, le niveau de l'eau monte et descend deux fois par jour : c'est le phénomène des marées. Les marées sont causées par l'attraction gravitationnelle combinée de la Lune et du Soleil sur les océans terrestres. L'océan situé du côté de la Lune Ⓐ est celui qui subit la plus forte attraction. C'est donc lui qui se déplace le plus vers la Lune Ⓐ', créant une marée haute. La Terre Ⓑ subit aussi un léger déplacement en direction de la Lune Ⓑ', ce qui fait qu'elle se « dérobe » sous l'océan situé du côté opposé à la Lune Ⓒ. C'est pourquoi les habitants de ces régions assistent eux aussi à une marée haute Ⓒ'. Dans la baie de Fundy, dans l'est du Canada, les marées atteignent parfois 16 mètres de haut !

LES PHASES DE LA LUNE

L'aspect de la Lune change au cours d'un mois. On appelle ce phénomène les « phases de la Lune ». On entend souvent dire que ces phases sont causées par l'ombre de la Terre qui se dessine sur notre satellite – ce qui décrit plutôt une éclipse de Lune ! –, ou encore que ce sont des nuages qui nous empêchent de voir l'ensemble de sa surface. Or, quand le ciel est nuageux, on ne voit plus du tout la Lune, quelle que soit sa phase ! En réalité, les phases de la Lune dépendent de la partie de la surface lunaire éclairée par le Soleil qui est visible depuis la Terre...

LA LUNE CHANGE

D'un jour à l'autre, la Lune change d'aspect. D'abord elle nous apparaît en début de soirée sous la forme d'un mince croissant. Environ une semaine plus tard, elle devient visible en après-midi et en soirée, et se présente en demi-Lune. Encore une semaine et elle est visible tout au long de la nuit ; c'est alors la pleine Lune, entièrement ronde. Au bout d'une troisième semaine, elle redevient demi-Lune, visible en fin de nuit et en matinée. Une semaine plus tard, elle prend la forme d'un mince croissant visible à l'aube, puis elle disparaît pendant quelques jours. C'est alors la nouvelle Lune.

NOUVELLE LUNE

LUNE CROISSANTE

LUNE DÉCROISSANTE

PREMIER QUARTIER

DERNIER QUARTIER

LUNE GIBBEUSE* CROISSANTE

LUNE GIBBEUSE* DÉCROISSANTE

PLEINE LUNE

* « gibbeuse » signifie bossée

EXPÉRIENCE

Observons la Lune !

Pour réaliser cette activité, il te faut un crayon et une photocopie de la fiche d'observation ci-dessous.

1 Note, sur ta copie de la fiche d'observation, la date et l'heure à laquelle tu fais tes observations.

2 Dessine la forme de la Lune dans le cercle correspondant.

3 Refais la même observation tous les jours pendant quelques semaines. Que remarques-tu ? La Lune a-t-elle toujours la même forme ? Es-tu capable de prévoir de quoi la Lune aura l'air au cours des prochains jours en te basant sur son aspect actuel ?

Truc :

Si le temps couvert t'empêche d'observer la Lune, navigue sur le site Internet des Astro-jeunes (voir page 48) qui te présentera l'aspect de la Lune pour chaque jour du mois.

LES PHASES DE LA LUNE

DIMANCHE	LUNDI	MARDI	MERCREDI	JEUDI	VENDREDI	SAMEDI
DATE : ___ HEURE : ___	DATE : ___ HEURE : ___	DATE : ___ HEURE : ___	DATE : ___ HEURE : ___	DATE : ___ HEURE : ___	DATE : ___ HEURE : ___	DATE : ___ HEURE : ___
DATE : ___ HEURE : ___	DATE : ___ HEURE : ___	DATE : ___ HEURE : ___	DATE : ___ HEURE : ___	DATE : ___ HEURE : ___	DATE : ___ HEURE : ___	DATE : ___ HEURE : ___
DATE : ___ HEURE : ___	DATE : ___ HEURE : ___	DATE : ___ HEURE : ___	DATE : ___ HEURE : ___	DATE : ___ HEURE : ___	DATE : ___ HEURE : ___	DATE : ___ HEURE : ___
DATE : ___ HEURE : ___	DATE : ___ HEURE : ___	DATE : ___ HEURE : ___	DATE : ___ HEURE : ___	DATE : ___ HEURE : ___	DATE : ___ HEURE : ___	DATE : ___ HEURE : ___

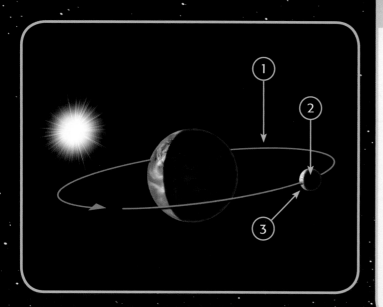

Pour comprendre le mécanisme des phases de la Lune, tu dois te rappeler trois faits importants.

1. La Lune tourne autour de la Terre, un mouvement que l'on nomme révolution.

2. La Lune a la forme d'un ballon, c'est une sphère.

3. La Lune ne produit pas sa propre lumière. C'est la lumière du Soleil réfléchie par sa surface qui nous permet de la voir. Il y a donc toujours une moitié de la Lune éclairée par le Soleil et une moitié sombre.

Si tu gardes ces trois idées en tête et que tu suis les étapes de l'expérience ci-dessous, les phases de la Lune n'auront bientôt plus de secrets pour toi !

EXPÉRIENCE

Un modèle des phases de la Lune

Pour réaliser cette expérience, il te faut une boule de styromousse, un crayon et une lampe de table. Pour de meilleurs résultats, réalise cette activité dans une pièce sombre et assure-toi que l'ampoule de la lampe est à peu près à la hauteur de ta tête. Au cours de cette activité, ta tête représentera la Terre, la boule représentera la Lune et la lampe représentera le Soleil.

Pique le crayon dans la boule. Allume la lampe et masque les autres lumières dans la pièce. Approche la boule de la lampe et observe-la bien. Tu verras qu'il y a exactement une moitié de la boule éclairée par la lampe et une moitié sombre. Éloigne la boule et place-la à divers endroits dans la pièce. Tu verras qu'il y a toujours une moitié éclairée et une moitié sombre.

1. Place-toi de côté, la lampe à ta droite à environ deux mètres, et tiens la boule à bout de bras, devant toi, à la hauteur de ta tête. Regarde bien la boule. Ressemble-t-elle au premier quartier de Lune (voir page 24)?

2. Place-toi dos à la lampe et tiens la boule devant toi, suffisamment haute pour qu'elle ne soit pas voilée par l'ombre de ta tête. Vois-tu toute la surface de la boule éclairée par la lampe? La boule ressemble-t-elle à la pleine Lune?

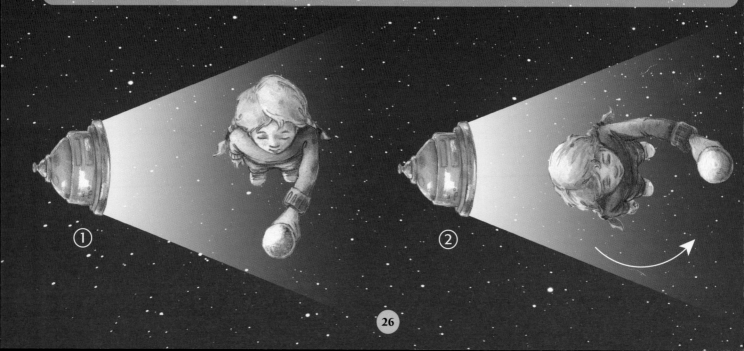

LA LUMIÈRE CENDRÉE DE LA LUNE

Au coucher et au lever du Soleil, lorsque la Lune est un mince crois-sant, on aperçoit toute sa surface éclairée par une pâle lueur grise. Cette lueur, c'est la lumière du Soleil réfléchie vers notre satellite par la Terre. On l'appelle la lumière cendrée de la Lune, et on l'observe jusqu'à quatre jours avant et après la nouvelle Lune.

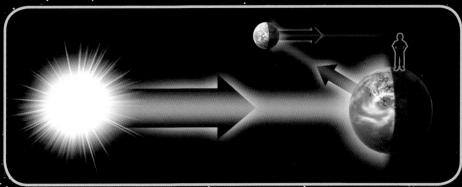

3 Fais un quart de tour vers la gauche et tiens la boule devant toi. Ressemble-t-elle au dernier quartier de Lune?

4 Face à la lampe, ramène la boule devant toi sans masquer la lampe. Vois-tu l'hémisphère de la boule tourné vers toi? Bien sûr que non, puisque la partie éclairée de la boule est tournée vers la lampe… C'est ce qui explique que la boule soit « invisible », comme à la nouvelle Lune!

Explication:

L'aspect de la boule change en fonction de sa position autour de ta tête. C'est exactement la même chose pour la Lune. Selon la portion de sa surface éclairée par le Soleil que l'on voit depuis la Terre, la Lune nous apparaît soit comme un croissant, soit comme une demi-Lune, soit comme un disque rond!

Pour aller plus loin…

Refais un tour sur toi-même en tenant la boule-Lune de-vant toi. Que se passe-t-il lorsque tu masques la lampe à l'aide de la boule-Lune? Il se produit une éclipse de Soleil. De même, lorsque la boule plonge dans l'ombre de ta tête, elle est éclipsée à son tour, ce qui représente une éclipse de Lune. Bravo! Tu as découvert le mécanisme des éclipses de Lune et de Soleil! Va à la page 44 pour en savoir plus sur ces phénomènes fascinants!

③   ④

LA SURFACE LUNAIRE

M ême à l'œil nu, on voit que la surface de la Lune est très variée. Remarque d'abord les vastes régions sombres que l'on nomme les mers lunaires. Tu apercevras également des régions plus claires, qui sont de hauts plateaux montagneux. Et bien sûr, tu verras beaucoup de cratères ! La surface lunaire présente un formidable spectacle si tu l'observes à l'aide de jumelles. À travers un petit télescope, tu auras même l'impression de pouvoir y toucher !

LES MERS LUNAIRES

Non, il n'y a pas de mers sur la Lune, contraire-ment à ce que croyaient les premiers observateurs de notre satellite qui ont ainsi baptisé ces vastes étendues sombres. Le nom est toutefois resté… Les mers lunaires sont de vastes dépressions remplies de lave durcie qui s'est écoulée à la surface il y a entre trois et quatre milliards d'années. La surface des mers lunaires est très lisse, sauf pour quelques cratères qui se sont formés plus récemment.

DES CRATÈRES PAR MILLIERS

Sur la Lune, les cratères ne sont pas d'origine vol-canique. Ils ont plutôt été creusés par la chute de météoroïdes, d'astéroïdes et de comètes sur la sur-face lunaire. Puisque la Lune n'a pas d'atmosphère pour se protéger des impacts, même les plus petits projectiles atteignent sa surface. Il y a donc sur la Lune des cratères de toutes tailles, mesurant de quelques millimètres jusqu'à plusieurs centaines de kilomètres de diamètre ! On dénombre plus de 30 000 cratères de plus de un kilomètre de diamètre et un nombre incalculable de cratères plus petits.

LES CRATÈRES LUNAIRES

Les projectiles qui tombent sur la Lune frappent la surface à plusieurs dizaines de milliers de kilomètres à l'heure. L'explosion qui en résulte projette des roches en fusion dans toutes les directions, jusqu'à de très grandes distances, et creuse un trou que l'on nomme cratère d'impact. Il n'y a pas que la Lune qui porte des traces d'impacts cosmiques. C'est aussi le cas de tous les corps solides du système solaire : planètes, satellites, astéroïdes et comètes. Même la Terre porte des cicatrices de ces grandes collisions.

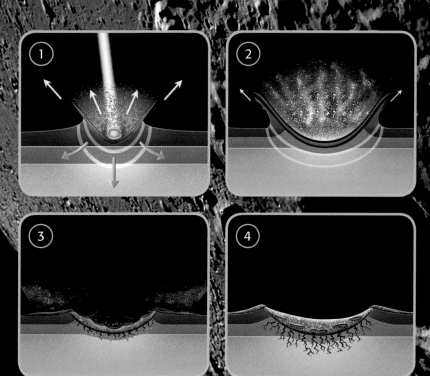

EXPÉRIENCE

Des cratères dans la farine !

Pour réaliser cette activité, il te faut de vieux journaux, un grand bol en métal (les bols en verre ou en plastique sont trop fragiles !), de la farine, de la poudre de lait au chocolat et des billes ou des cailloux de différentes grosseurs et poids. Attention : Une mince couche de farine au sol peut rendre le plancher très glissant. Pour plus de sûreté (et moins de nettoyage après coup !), réalise cette activité à l'extérieur.

1. Étends au sol plusieurs pages d'un vieux journal et dépose le bol de métal au milieu.

2. Remplis le bol de farine sur une profondeur d'environ 10 cm et recouvre la surface d'une mince couche de poudre de lait au chocolat. Le contraste entre la poudre brune et la farine blanche rendra les cratères plus spectaculaires.

3. Laisse tomber des billes ou des cailloux de différentes grosseurs dans la farine et observe bien le résultat. Les cratères sont-ils plus grands lorsque le projectile est plus gros ? Jusqu'où est projetée la farine autour du point d'impact ? Entre chaque lancer, n'hésite pas à tasser la farine et à remettre un peu de poudre de lait au chocolat à la surface.

ILS ONT MARCHÉ SUR LA LUNE !

De 1969 à 1972, douze astronautes des missions américaines Apollo ont marché sur la Lune. Ils ont exploré la surface à pied ou à bord de la « jeep » lunaire, et installé là-bas toute une batterie d'appareils scientifiques. Ils ont récolté des centaines de kilogrammes de roches et d'échantillons de sol qu'ils ont ramenés sur Terre pour les faire examiner en laboratoire par des géologues Ces missions d'exploration nous ont permis de mieux connaître notre satellite.

De gauche à droite, les astronautes Neil Armstrong, Michael Collins et Edwin « Buzz » Aldrin, de la mission Apollo 11.

LES PREMIERS HOMMES SUR LA LUNE

Le 20 juillet 1969, les astronautes de la mission Apollo 11 ont réussi le premier alunissage sur notre satellite. Neil Armstrong et Edwin Aldrin sont devenus les premiers humains à poser le pied sur la surface d'un autre monde que la Terre. Ils ont passé un peu moins de 22 heures à marcher sur la Lune, à installer des appareils scientifiques et à récolter 21,6 kg d'échantillons de roches lunaires. Pendant ce temps, Michael Collins demeurait en orbite autour de la Lune et étudiait la surface à l'aide de divers instruments d'observation.

ILS ONT SAUTÉ SUR LA LUNE !

La gravité lunaire est six fois plus faible que la gravité terrestre. Cela signifie qu'un astronaute sur la Lune ne « ressent » plus qu'un sixième de son poids terrestre. Pour les astronautes, c'était un grand avantage : cela leur a permis de se déplacer avec aisance en bondissant comme des kangourous sur la surface lunaire, malgré le lourd scaphandre de 80 kg qu'ils portaient.

LA FACE CACHÉE DE LA LUNE

As-tu remarqué que l'on voit toujours la même face de la Lune ? Il existe une moitié de notre satellite que l'on ne voit jamais de la Terre : c'est la face cachée de la Lune. Ce fait est le résultat d'une coïncidence remarquable. La Lune complète une révolution autour de la Terre en exactement 27 jours 7 heures 43 minutes et 12 secondes. Or, c'est précisément la durée d'une rotation complète de notre satellite sur lui-même ! Puisque ces deux mouvements se font dans le même sens, la Lune nous montre toujours la même face ! Il a fallu attendre les images transmises par la sonde russe Luna-3 en 1959 pour découvrir enfin de quoi avait l'air cette mystérieuse face cachée de la Lune !

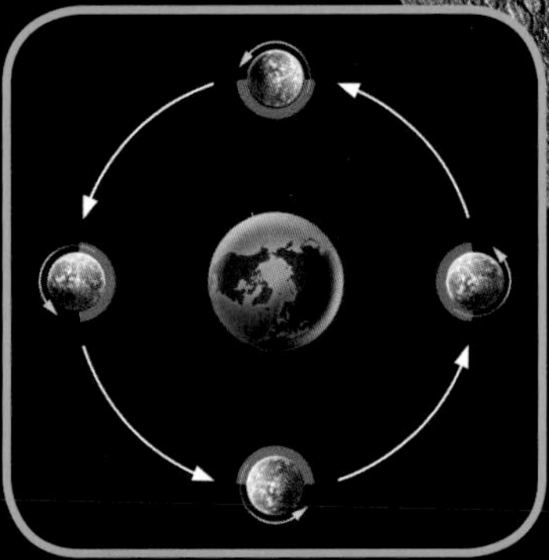

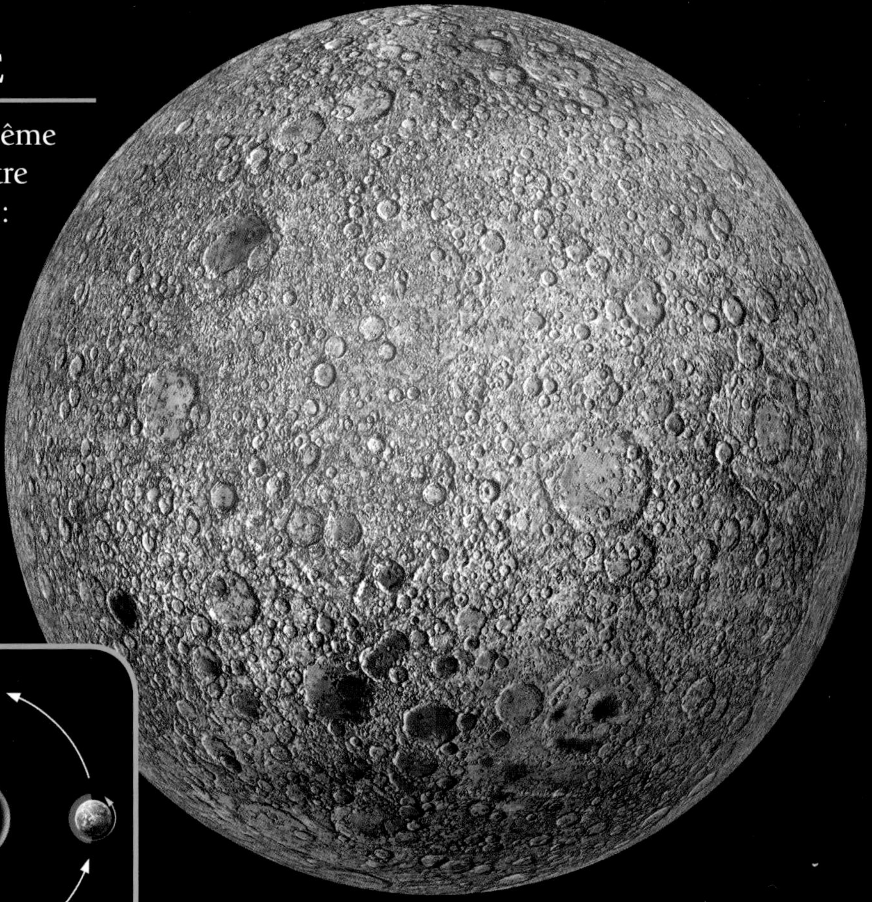

Face cachée de la Lune

L'INTÉRIEUR DE LA LUNE

Grâce aux données scientifiques recueillies par les missions Apollo, les géologues ont été capables de sonder l'intérieur de la Lune. Ils en ont déduit que la Lune possède un petit noyau métallique, un épais manteau de roches et une croûte solide. Ils croient que la Lune est aujourd'hui trop froide pour avoir une activité volcanique.

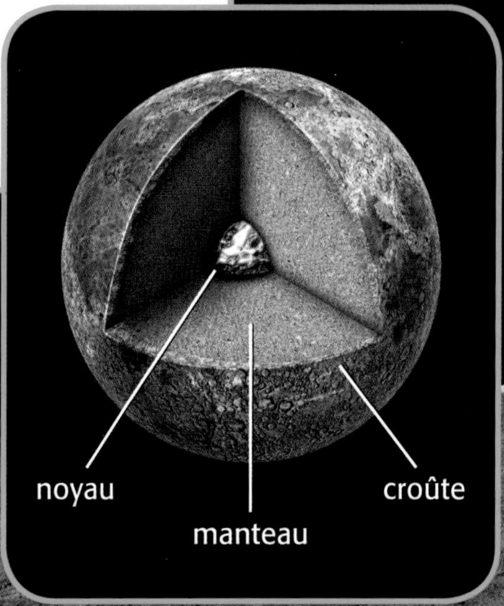

noyau

croûte

manteau

VIVRE
SUR LA LUNE?

Q ui n'a pas, un jour, rêvé d'aller sur la Lune et, pourquoi pas, de s'y installer? L'idée d'établir une base permanente sur la Lune était autrefois réservée aux romans de science-fiction. Aujourd'hui, cette idée est devenue le sujet d'études très sérieuses effectuées par des scientifiques et des ingénieurs qui cherchent à déterminer le meilleur moyen d'assurer la survie des humains sur notre satellite. Le rêve pourrait bientôt devenir réalité!

UNE BASE LUNAIRE

Une future base lunaire regroupera des quartiers d'habitation, des laboratoires et des serres où l'on cultivera des plantes pour nourrir les habitants de la Lune. D'autres installations recycleront l'eau, l'air et les déchets produits par les activités quotidiennes. Sur la Lune, aucun gaspillage ne sera permis! De grands panneaux solaires fourniront toute l'énergie nécessaire durant le jour lunaire, et une mini-centrale nucléaire prendra le relais au cours de la nuit. Une telle base lunaire sera en partie enfouie, quelques mètres sous la surface, pour se protéger des grands écarts de température et des radiations nocives du Soleil.

UNE MISSION DANGEREUSE

Il ne sera pas facile de vivre sur la Lune. Notre satellite est loin d'être un endroit accueillant : on n'y trouve ni nourriture ni air. Les températures moyennes varient de 100 °C le jour à –150 °C la nuit. La surface reçoit des doses mortelles de radiation en provenance du Soleil. Il faudra donc faire preuve de beaucoup d'ingéniosité pour s'installer en permanence sur notre satellite !

POURQUOI UNE BASE LUNAIRE ?

- Sans atmosphère, la Lune est l'endroit idéal pour l'observation astronomique. De plus, des radio-télescopes construits sur la face cachée de notre satellite seraient à l'abri des interférences causées par les télécommunications terrestres.

- La gravité lunaire est six fois moindre que la gravité terrestre. Dans ces conditions, il est beaucoup plus économique de lancer des missions d'exploration depuis la Lune que depuis la Terre.

- Le sol lunaire contient de nombreux éléments chimiques (oxygène, hydrogène, peut-être même de l'eau) qui pourraient permettre de fabriquer du carburant pour fusées et d'autres produits indispensables à une base lunaire.

- En cas d'urgence, la proximité de la Lune favorise le retour des habitants sur Terre. En effet, il ne faut que quelques jours pour revenir de la Lune, mais plus de six mois pour revenir de la planète Mars !

DE LA GLACE SUR LA LUNE ?

Lancée en 1998, la sonde américaine Lunar Prospector a permis d'étudier l'ensemble de la surface de la Lune et de dresser des cartes géologiques de ses principales ressources. Des résultats semblent indiquer la présence de glace enfouie au fond de cratères situés près des pôles et à l'intérieur desquels le Soleil ne brille jamais. Cette glace aurait été déposée là par des comètes et des astéroïdes. Si tel est le cas, les futurs habitants de la Lune ne manqueront pas d'eau !

CONTES ET LÉGENDES
DE LA LUNE

À toutes les époques et dans toutes les cultures, les humains ont cru reconnaître des personnages familiers dans la silhouette que dessinent les mers lunaires. Ils ont imaginé des légendes toutes plus fantaisistes les unes que les autres pour expliquer la présence de ces dessins sur la Lune. En voici deux qui nous viennent de Chine et de Nouvelle-Zélande…

CRIME ET CHÂTIMENT

En Chine, on raconte qu'un mauvais garnement avait été témoin des gestes bienveillants d'un autre garçon qui soignait un oiseau blessé. En guise de récompense, l'oiseau guéri avait donné au gentil garçon une graine de citrouille magique : une fois plantée, la graine donna des citrouilles miraculeuses contenant de l'or et des pierres précieuses.

Voyant cela, le méchant garçon blessa volontairement un oiseau pour en prendre soin par la suite. Lui aussi reçut une graine magique en récompense, mais au lieu de donner des fruits en abondance, la graine produisit une longue tige qui s'éleva jusqu'à la Lune.

Le mauvais garçon grimpa jusqu'à l'astre nocturne. Rendu là, il tomba dans un piège tendu par la déesse Lune. Il fut condamné à abattre un arbre qui se trouvait sur la Lune. Mais cet arbre était magique et refermait immédiatement toute entaille infligée par la hache. Depuis ce jour, on voit la silhouette du garçon qui tente en vain d'abattre l'arbre magique sur la Lune.

LA FEMME DANS LA LUNE

Rona était la fille de Tangaroa, le dieu Maori des océans. Rona sortit de chez elle par une nuit de pleine Lune avec une gourde, afin de ramener de l'eau d'un ruisseau.

Sur le chemin du retour, un nuage passa devant la Lune, et le sentier devint tout noir. Rona trébucha et répandit le contenu de sa gourde. Tournant sa colère vers la Lune, elle cria à l'astre de la nuit : « Espèce de tête brûlée, où t'es-tu cachée ? » Insultée, la Lune saisit Rona et la souleva jusqu'au ciel.

Rona essaya de s'agripper aux branches d'un buisson tout proche, mais elle ne réussit qu'à le déraciner et à l'emporter avec elle. Depuis cette nuit, on aperçoit sur la Lune la silhouette de Rona, de sa gourde et du petit buisson. Et désormais, lorsque Rona trébuche et répand le contenu de sa gourde, il pleut sur Terre…

LA LUNE QUI REND FOU

On accuse la Lune de bien des maux et on lui attribue plusieurs pouvoirs. Ainsi, la Lune accélérerait la pousse des cheveux et des ongles… à condition de les couper à la pleine Lune ! Plusieurs croient qu'il y a plus d'accouchements les nuits de pleine Lune et que certaines personnes se comportent de façon étrange sous l'influence de notre satellite. Et que dire des loups-garous, vampires et autres monstres qui, selon la légende, chassent pendant les nuits de pleine Lune ! Malheureusement pour tous les lunatiques de ce monde, aucune de ces croyances n'a pu être prouvée scientifiquement. Jusqu'à preuve du contraire, la Lune n'y est pour rien !

Une légende de ton cru

Regarde attentivement la Lune et essaie d'imaginer un personnage ou un objet dessiné par la silhouette des mers lunaires. Imagine ensuite un conte ou une légende pour expliquer sa présence sur la Lune. Partage tes créations avec tes amis !

LE SOLEIL, NOTRE ÉTOILE

L e Soleil est une étoile, notre étoile, une immense boule de gaz chauds. Son diamètre est impressionnant : près de 1 400 000 kilomètres ! La température à sa surface est de 5 500 °C et augmente au fur et à mesure qu'on s'enfonce vers le centre. Il règne au cœur de notre étoile une température et une pression inimaginables ! Ce sont ces conditions extrêmes qui permettent au Soleil de produire l'énergie dont dépend la vie sur Terre.

LA FUSION NUCLÉAIRE

La fusion nucléaire est un processus par lequel des atomes légers se «collent» les uns aux autres (on dit qu'ils fusionnent) pour former des atomes plus lourds. Au cœur du Soleil, des atomes d'hydrogène fusionnent pour former des atomes d'hélium. Ce processus dégage une formidable quantité d'énergie qui nous parvient ensuite sous forme de lumière et de chaleur !

LE CŒUR DU SOLEIL

C'est en son centre que le Soleil produit toute son énergie par un processus que l'on nomme fusion nucléaire. Au cœur du Soleil, la température atteint 15 millions de degrés Celsius !

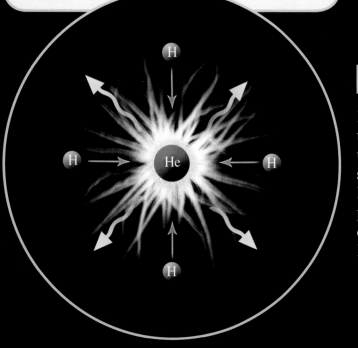

LA ZONE RADIATIVE

L'énergie produite au cœur du Soleil est ensuite transportée dans la zone radiative par des photons (de minuscules «grains de lumière») qui sont constamment déviés de leur trajectoire par les gaz qui se trouvent à l'intérieur du Soleil. Un photon peut zigzaguer ainsi pendant plusieurs centaines de milliers d'années avant d'atteindre la surface de l'étoile !

LA ZONE DE CONVECTION

Près de la surface, la chaleur est trans-portée par un processus que l'on nomme convection. C'est un processus semblable à ce qui se passe dans une soupe épaisse qui «bouillonne». D'immenses bulles de gaz chaud remontent vers la surface du Soleil où elles rejettent dans l'espace lumière et chaleur.

LA PHOTOSPHÈRE

Au-dessus de la zone de con-vection se trouve la photosphère, la région du Soleil que nous voyons de la Terre. À partir de la photosphère, les rayons du Soleil voyagent dans   de à la vitesse de la lumière et mettent un peu plus de huit minutes avant d'atteindre la Terre.

LES TACHES SOLAIRES

Les taches solaires sont des régions moins chaudes de la photosphère du Soleil (4 500 degrés au lieu de 5 500…). Elles semblent sombres par contraste avec le reste de la surface plus brillante. Certaines de ces taches sont plusieurs fois plus grandes que la Terre !

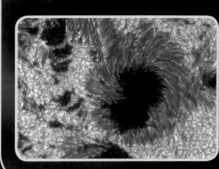

LA COURONNE

La couronne est le halo blanchâtre spectaculaire qui apparaît autour du Soleil lors d'une éclipse totale de Soleil. Elle constitue l'atmosphère de notre étoile. La température dans la couronne dépasse le million de degrés ! Les gaz de la cou-ronne s'échappent dans l'espace, où ils forment le vent solaire qui souffle dans tout le système solaire.

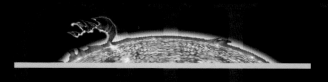

VIE ET MORT DU SOLEIL

Comme les humains et les animaux, les étoiles naissent, vivent et meurent. À la différence que la durée de vie des étoiles se mesure en millions et en milliards d'années. Le Soleil est né il y a environ cinq milliards d'années et il continuera de briller pendant cinq autres milliards d'années avant de s'éteindre. Il y a fort à parier que les êtres humains ne seront plus là lorsque cela se produira…

① LA NAISSANCE DU SOLEIL

L'ancêtre du Soleil et des planètes est une nébuleuse, c'est-à-dire un immense nuage de gaz et de poussières des centaines de fois plus vaste que le système solaire actuel. Le Soleil est né de l'effondrement de ce nuage sur lui-même. Cette contraction a fait augmenter la température et la pression au centre du nuage. Au bout de quelques millions d'années, le cœur du nuage est devenu si dense et si chaud que des réactions de fusion nucléaire se sont amorcées. Le Soleil s'est allumé !

② UN CORTÈGE DE PLANÈTES

La matière qui composait le reste du nuage a continué à se contracter pour former les planètes en orbite autour du Soleil. Les planètes solides, Mercure, Vénus, la Terre et Mars, se sont formées près du Soleil, là où il faisait plus chaud. Les planètes gazeuses, Jupiter, Saturne, Uranus et Neptune, se sont formées plus loin, là où il faisait plus froid. Plus loin encore, on retrouve une multitude de comètes et d'astéroïdes glacés.

③ UNE VIE TRANQUILLE

Le Soleil est une étoile moyenne qui consomme son carburant nucléaire de façon raisonnable. C'est ce qui explique sa longue espérance de vie : 10 milliards d'années. Aujourd'hui, le Soleil a donc atteint le milieu de son existence…

④ LE DÉBUT DE LA FIN

Lorsqu'il aura épuisé ses réserves de carburant nucléaire, le Soleil gonflera pour devenir une supergéante rouge. Il pourrait enfler jusqu'à englober l'orbite de la Terre ou même celle de Mars ! Les océans terrestres s'évaporeront et l'atmosphère sera soufflée dans l'espace. La vie sur notre planète sera devenue impossible.

⑤ LA MORT DU SOLEIL

Quelques millions d'années plus tard, l'atmosphère distendue du Soleil s'échappera dans l'espace pour former une nébuleuse planétaire. Son noyau se contractera pour devenir une naine blanche, un cadavre stellaire à peine plus gros que la Terre. Les planètes les plus proches du Soleil auront été carbonisées ; les plus éloignées seront entraînées par la nébuleuse ou bien elles tomberont dans un mouvement de spirale, jusqu'à s'écraser sur la naine blanche. Ce sera la fin de notre système solaire !

LE SOLEIL, SOURCE DE VIE

L a lumière et la chaleur du Soleil sont les principales sources d'énergie sur Terre, et elles sont indispensables au maintien de la vie sur notre planète. C'est l'énergie du Soleil qui permet le recyclage de l'eau, de l'air et de la nourriture dont dépendent tous les êtres vivants. Sans le Soleil pour faire fonctionner ces grands cycles, la vie sur Terre serait impossible !

LE CYCLE ALIMENTAIRE

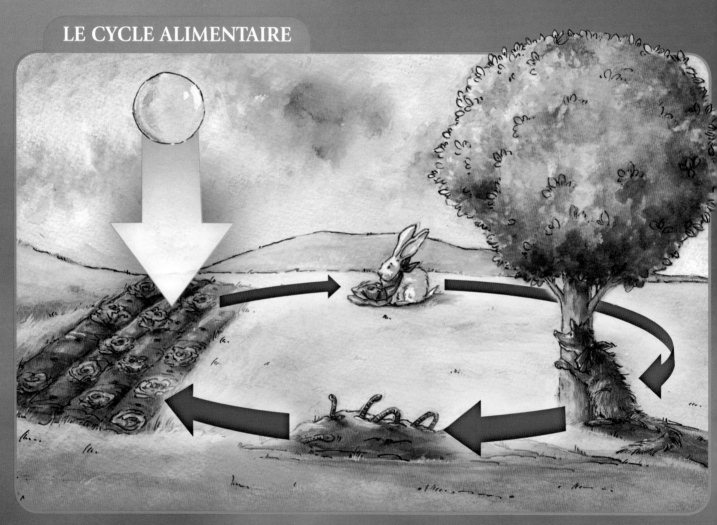

Les plantes utilisent la lumière du Soleil pour croître. Elles transforment l'énergie du Soleil en tiges et en feuilles, dont se nourrissent ensuite les herbivores, qui servent eux-mêmes de nourriture aux carnivores.

En se décomposant, les cadavres d'animaux et de végétaux servent à leur tour d'engrais aux plantes. C'est la chaîne alimentaire.

LE CYCLE DE L'EAU

La chaleur du Soleil fait s'évaporer l'eau des lacs, des rivières et des océans, et elle fait transpirer les plantes et les animaux. Toute cette vapeur d'eau forme des nuages et retombe ensuite en pluie sur les continents, abreuvant la terre et les cours d'eau et donnant aux plantes et aux animaux accès à l'eau potable. C'est le cycle de l'eau.

LE CYCLE DE L'AIR

Lorsque nous respirons, nous produisons du dioxyde de carbone (CO_2). Grâce à la lumière du Soleil, les plantes extraient le carbone (C) contenu dans le CO_2 et s'en servent pour fabriquer des tiges et des feuilles. Par ce processus, que l'on nomme photosynthèse, les plantes rejettent dans l'air l'oxygène (O_2) dont dépend notre respiration. C'est le cycle de l'air.

LES COLÈRES DU SOLEIL

Le Soleil est un astre habituellement très calme. Mais il arrive que notre étoile s'emporte. Alors, de gigantesques éruptions se produisent, projetant dans l'espace entre les planètes d'énormes quantités de particules chargées électriquement. Ce flot de particules, qu'on appelle le «vent solaire», perturbe considérablement le champ magnétique de la Terre, avec toutes sortes de conséquences fâcheuses pour les satellites, les réseaux de télécommunication et les réseaux de transport d'électricité.

UNE ÉTOILE SOUS HAUTE SURVEILLANCE

Depuis les débuts de l'ère spatiale, un grand nombre de sondes et d'observatoires spatiaux ont été lancés pour étudier notre étoile. Grâce à ces instruments, nous comprenons mieux le Soleil et, surtout, nous sommes capables de mieux prévoir ses sautes d'humeur. On trouve même sur Internet des bulletins météo quotidiens du Soleil ! Ces bulletins avertissent les contrôleurs de satellites et les gestionnaires de réseaux de communication et de transport d'électricité de l'imminence des tempêtes magnétiques. Tu trouveras un lien vers ces sites depuis le site Internet des Astro-jeunes (voir p. 48).

LE CHAMP MAGNÉTIQUE DE LA TERRE

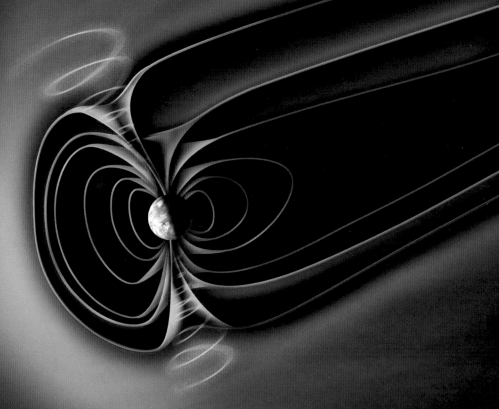

La Terre possède un puissant champ magnétique qui agit comme un bouclier empêchant les particules du vent solaire d'atteindre sa surface. Autrement, ces particules seraient très dangereuses pour la vie sur Terre. La Lune, qui ne possède pas de champ magnétique, ne bénéficie pas de cette protection.

Normalement, le champ magnétique de la Terre dévie assez aisément les particules émises par le Soleil. Cependant, lorsque le nombre de particules devient trop élevé – surtout en période d'intense activité solaire –, le champ magnétique « déborde » et des particules chargées se déversent dans la haute atmosphère au-dessus des pôles. Les atomes ainsi que les molécules d'azote et d'oxygène réagissent à ce bombarde-ment en émettant de la lumière. C'est cette lumière que nous appelons aurores polaires (ou boréales dans l'hémisphère Nord). En général, ces aurores brillent entre 100 et 200 km d'altitude.

LE CYCLE SOLAIRE

Le Soleil passe par une période d'intense activité à tous les 11 ans. C'est le maximum solaire. Le nombre de taches à sa surface augmente alors de façon mar-quée. Au maximum d'activité, les tempêtes solaires sont plus nombreuses et plus violentes, et les aurores polaires plus fréquentes dans le ciel de la Terre.

minimum

maximum

JEUX D'OMBRE ET DE LUMIÈRE

L es éclipses sont des jeux d'ombre et de lumière qui mettent en scène le Soleil, la Terre et la Lune. Ce sont des spectacles saisissants qui ont tour à tour terrifié et fasciné nos lointains ancêtres. De nos jours, certains amateurs n'hésitent pas à voyager jusqu'au bout du monde pour admirer ces rendez-vous célestes hors du commun.

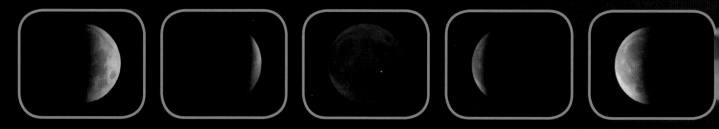

LES ÉCLIPSES DE LUNE

Une éclipse de Lune se produit lorsque, à la pleine Lune, notre satellite traverse l'ombre de la Terre. Au début d'une éclipse de Lune, on voit l'ombre légèrement incurvée de la Terre s'avancer sur la surface lunaire. L'éclipse est totale lorsque la Lune est complètement dans l'ombre. L'atmosphère terrestre dévie alors la lumière rouge du Soleil vers l'intérieur de la zone d'ombre. Lors d'une éclipse de Lune, notre satellite prend donc une teinte rouge plus ou moins sombre. Il faut à la Lune environ une heure pour pénétrer complètement dans l'ombre, une heure quarante minutes au maximum pour la traverser et une autre heure pour en sortir complètement.

LA FRÉQUENCE DES ÉCLIPSES

Il se produit chaque année au moins quatre éclipses (deux de Soleil et deux de Lune). Bien sûr, toutes ces éclipses ne sont pas visibles de partout sur Terre. À partir de l'endroit où tu habites, il peut parfois s'écouler plusieurs années avant que tu puisses revoir une éclipse de Lune ou de Soleil.

ORBITE DE LA LUNE

Une éclipse de Lune se produit lorsque, à la pleine Lune, notre satellite traverse l'ombre de la Terre.

L'ÉCLIPSE DE COLOMB

En février 1504, au cours de son quatrième voyage au Nouveau Monde, Christophe Colomb accoste en Jamaïque. Son bateau a besoin de réparations urgentes, ses réserves de nourriture s'épuisent, des rumeurs de mutinerie courent parmi son équipage et les indigènes de l'île refusent de l'aider à reconstituer ses réserves. Pour s'en sortir, Colomb a une idée : ses tables astronomiques lui annoncent qu'une éclipse totale de Lune aura lieu quelques jours plus tard, soit le 29 février. Il menace alors les indigènes de leur dérober la lumière de la Lune s'ils ne lui viennent pas en aide. Au moment prévu, la lumière de la Lune décline et se teinte de rouge. Frappés de stupeur, les habitants de l'île promettent d'aider le navigateur magicien s'il consent à ramener la lumière de la Lune… ce que Colomb s'empresse de faire !

45

LES ÉCLIPSES DE SOLEIL

Une éclipse de Soleil se produit lorsque, à la nouvelle Lune, notre satellite projette son ombre sur la Terre. L'éclipse débute lorsque la silhouette de la Lune s'avance sur le disque brillant du Soleil. Dès le début de la phase de totalité, le disque solaire est complètement masqué par la Lune ; on aperçoit alors la spectaculaire couronne solaire. La phase de totalité dure au maximum sept minutes et demie. Ensuite, la Lune découvre lentement le disque solaire.

OBSERVER LES ÉCLIPSES

L'observation d'une éclipse de Lune est absolument sans danger, que ce soit à l'œil nu, aux jumelles ou au télescope. Il en va tout autrement des éclipses de Soleil. Seule la phase de totalité peut être observée sans danger à l'œil nu. Dès que le disque solaire redevient visible, il faut observer le Soleil par projection ou se munir de filtres spécialement conçus à cet effet.

LES ÉCLIPSES DANS L'HISTOIRE ET LA MYTHOLOGIE

Avant que l'on comprenne le mécanisme des éclipses, les humains étaient littéralement terrifiés par ces phénomènes célestes. Certains croyaient que le Soleil ou la Lune étaient aux prises avec un monstre qui cherchait à les avaler. Pour faire fuir la bête, ils faisaient le plus de bruit possible ou lançaient des flèches enflammées vers l'astre éclipsé. D'autres s'imaginaient que les éclipses étaient des rencontres amoureuses entre le Soleil et la Lune... On raconte également que les Mèdes et les Lydiens auraient brusquement mis fin à une longue guerre en 585 av. J.-C. lorsque, au beau milieu d'une bataille féroce, il se produisit une éclipse totale de Soleil.

Une éclipse de Soleil se produit lorsque, à la nouvelle Lune, notre satellite projette son ombre sur la Terre.

LA NATURE EN ÉMOI

Une éclipse totale de Soleil s'accompagne de phénomènes atmosphériques et environnementaux spectaculaires. Juste avant le début de la totalité, la température locale chute de plusieurs degrés, le vent se lève et la luminosité diminue graduellement, comme au crépuscule. Au moment de la totalité, on peut apercevoir des planètes et des étoiles autour du Soleil éclipsé ! Les fleurs se ferment et les animaux nocturnes sortent de leurs abris. Quelle n'est pas alors leur surprise, après seulement quelques minutes d'obscurité, de voir cette « nuit » se terminer aussi brusquement qu'elle avait débuté !

NAVIGUER VERS D'AUTRES CONNAISSANCES

Si la lecture de ce livre t'a donné le goût d'en savoir plus, visite la page des Astro-jeunes sur le site Internet du Planétarium de Montréal à l'adresse suivante :

www.planetarium.montreal.qc.ca

Tu y trouveras une foule de renseignements et de liens vers d'autres sites passionnants sur l'astronomie. Voici un aperçu de ce que tu découvriras sur ce site :

- un lexique des principaux termes en astronomie
- les phases de la Lune pour chaque jour du mois
- la liste des phénomènes astronomiques à surveiller
- une liste de clubs d'astronomie
- des trucs d'observation

TABLE DES MATIÈRES